CONTE *verlag*

Deana Zinßmeister

Sagenhaftes Saarland

Sagen und Mythen aus der Region

CONTE

Bibliografische Information der Deutschen Nationalbibliothek
Die Deutsche Nationalbibliothek verzeichnet diese Publikation in der Deutschen Nationalbibliografie; detaillierte bibliografische Daten sind im Internet über http://dnb.d-nb.de abrufbar.

ISBN 978-3-95602-257-9

Am Rech 14
66386 St. Ingbert
Tel: (0 68 94) 1 66 41 63
Fax: (0 68 94) 1 66 41 64
E-Mail: info@conte-verlag.de
Verlagsinformationen im Internet unter www.conte-verlag.de

Lektorat: Anna Franz
Umschlag und Satz: Markus Dawo
Illustrationen: Anna Franz
Druck und Bindung: Conte, St. Ingbert

Inhalt

Der geizige Bäcker

— Saarbrücken —

Seitdem Menschen auf dieser Erde wandeln, gibt es unter ihnen solche, die ein aufrichtiges Leben führen und andere, die lügen und betrügen. Ihnen sind ihre Mitmenschen einerlei – Hauptsache sie können sich einen Vorteil für sich selbst verschaffen.

Es war einmal ein solcher Mensch, der lebte vor vielen Jahren in Saarbrücken. Da wir seinen Namen nicht kennen, wollen wir ihn Friedbert Beckes nennen.

Dieser war von Beruf Bäcker. Schon lange bevor seine Gesellen bei der Arbeit erschienen, stand er bereits in seiner Backstube. Was ja sehr rühmlich ist, zeugt es doch von vorbildlicher Schaffensfreude. Doch Beckes' Emsigkeit hatte einen anderen Grund.

Mit hochrotem Gesicht stand er vor dem Tisch und knetete heftig den Teig, aus dem er später die Brotlaibe formen würde. Beckes' Haare, Gesicht und Kleidung waren weiß vom Mehlstaub, der durch die Luft wirbelte, wenn er den Teig bestäubte. Dabei lachten seine listigen Augen, denn in Gedanken zählte er schon das Geld, das er heute den Saarbrücker Bürgern abknöpfen würde.

»Sie sind so dumm, so dumm«, feixte er, überzeugt davon, dass er besonders schlau war. Friedbert Beckes begann nämlich weit vor dem ersten Hahnenschrei, den Brotteig zu mischen, damit ihm dabei niemand über die Schulter blicken konnte. Denn anstatt das reine Mehl zu nehmen, das er gut sichtbar für seine Gesellen in der Backstube in einem großen Fass stehen hatte, nahm er das billige, das von minderer Qualität war und in einem geheimen Raum gelagert wurde.

Obwohl die Kunden immer öfter schimpften, da das Brot schon beim Anschneiden zerbröselte, ließ er von dem Betrug nicht ab, zumal ihm das Gezeter einerlei war. Gleichgültig gab er seinen Kunden den Rat, dass sie ihr Brot anderswo kaufen sollten. Doch dies klang wie Spott in den Ohren der Saarbrücker, denn Friedbert Beckes war der einzige Bäcker weit und breit. Er wusste, dass sie keine andere Wahl hatten, als sich mit seinem minderwertigen Brot zufriedenzugeben.

Im Laufe der Jahre hatte sich unter Beckes' Strohmatratze ein ordentliches Vermögen angehäuft, das ihm im Alter ein sorgenfreies Leben bescheren würde. Der Bäcker lebte in Saus und Braus und kümmerte sich um die Sorgen und Nöte seiner Mitmenschen nicht im Geringsten.

Eines Tages herrschte eine große Hungersnot im Land. Selbst das Mehl beim Müller wurde knapp und so verkaufte er den Rest an den meistbietenden Bäcker. Da Friedbert Beckes genügend Geld zur Seite geschafft hatte, konnte er sich diese Wucherpreise leisten.

»Das werde ich mir von meinen Kunden zurückholen«, höhnte er. Doch viele Saarbrücker Bürger konnten sich das überteuerte Brot nicht leisten. Manche Kunden hofften auf Beckes' Mitleid und versuchten, ihm einen Laib Brot abzubetteln.

»Habt Erbarmen, Friedbert! Meine Kinder haben seit Tagen nichts zu essen gehabt«, jammerte eine Bekannte.

»Was kümmert es mich?«, fragte er und wies ihr ungehalten die Tür.

Eine andere Kundin blaffte er ebenfalls an: »Zahl', was ich verlange oder mach', dass du fortkommst.«

So erging es vielen Menschen und sie verzweifelten, weil Beckes scheinbar ein Herz aus Stein hatte. Als die Not der Menschen stetig größer wurde und der Bäcker sich nicht erweichen ließ, wussten sie keinen anderen Rat und suchten die Landesfürstin im Saarbrücker Schloss auf. Die Fürstin konnte nicht glauben, dass ein Mensch in Zeiten der Not so hartherzig sein konnte und wollte sich selbst davon überzeugen.

Damit Beckes die Fürstin nicht erkannte, kleidete sie sich in Lumpen und trat ihm als Bettlerin gegenüber.

»Ich bitte Euch um einen Laib Brot, guter Mann«, bat sie mit verstellter Stimme. Friedbert Beckes musterte sie aus zusammengekniffenen Augen und spottete: »Du kennst meine Preise, Weib. Wenn du dir mein Brot nicht leisten kannst, dann geh auf die Wiese zum Grasen wie eine Kuh!«

Mit gehässigem Gesichtsausdruck warf er sie aus dem Verkaufsraum.

Entsetzt über solch eine Unverschämtheit ging die Fürstin zurück in ihr Schloss und ließ sogleich den besten Steinmetz der Umgebung zu sich kommen.

»Jemand, der einen so schlechten Charakter besitzt, kann man nur strafen, indem man ihn vor aller Welt lächerlich macht«, sagte sie ungehalten und ließ von dem Steinmetz aus Sandstein einen Kopf anfertigen, der die Gesichtszüge des Bäckers trug.

Mit künstlerischem Geschick gelang es dem Handwerker, den Geiz in den Augen festzuhalten, so dass die Saarbrücker Bürger darin Friedbert Beckes wiedererkennen konnten. Zur Abschreckung für andere und zur Strafe für den geizigen Bäcker ließ die Fürstin die Steinfratze an der alten Brücke von Saarbrücken anbringen. Das Besondere an diesem Steinkopf war nicht nur, dass er dem geizigen Bäcker glich, sondern auch, dass der Mund als weite Öffnung gefertigt worden war. Von nun an musste die steinerne Fratze des Bäckers unter dem Gespött der Saarbrücker von der alten Brücke aus das schmutzige Wasser in die Saar speien.

Auch heute noch kann man den Sandsteinkopf des geizigen Bäckers bestaunen, denn er wurde, nachdem er die Kriege überdauert hatte, an der Schlossmauer des Saarbrücker Schlosses angebracht.

Die Kornfrau

— Püttlingen —

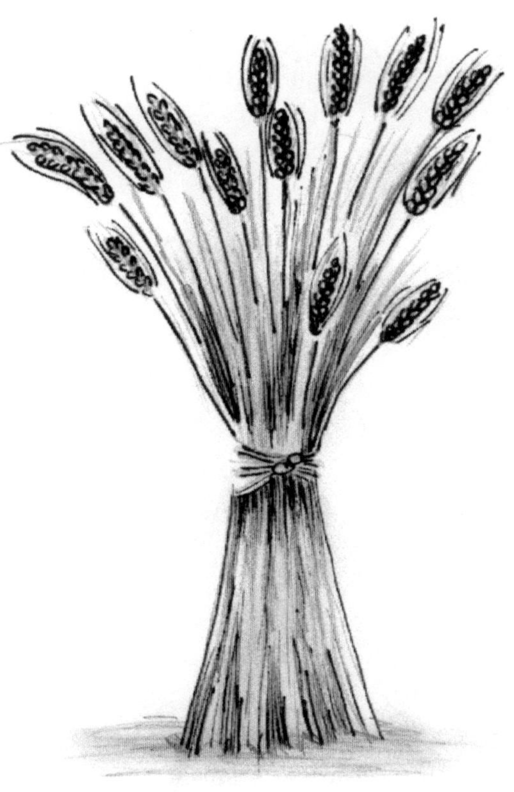

Diese Geschichte soll sich vor vielen, vielen Jahren ereignet haben. Vor den Toren Püttlingens lebte einmal eine Familie, genauer gesagt: weit hinter der Römerstraße, dort wo die Bauern ihr Korn in großflächigen Getreidefluren noch heute anbauen.

Es war Sommer, als die Mutter ihren neunjährigen Sohn zu sich rief und ihn bat: »Pflücke mir einen großen Strauß Kornblumen, damit ich daraus zwei Gebinde anfertigen kann. Das eine möchte ich auf den Marienaltar und das andere hier in der Küche auf die Fensterbank legen. Außerdem will ich einige Blüten trocknen, damit ich der Großmutter daraus Tee aufbrühen kann.«

»Och, nicht jetzt, Mutter. Ich habe mich mit meinen Freunden verabredet«, quengelte der Junge enttäuscht.

»Geh!«, befahl die Mutter, da sie über seine Widerworte verärgert war. Bevor der Junge die Küche verließ, ermahnte sie ihn: »Pass' auf, dass du nicht ins reife Kornfeld trittst und es dadurch verunehrst. Mit jedem Halm, den du abknickst, tust du Gott weh.«

Als die Mutter seinen trotzigen Gesichtsaudruck erkannte, drohte sie: »Die Kornfrau wird dich bestrafen, solltest du nicht sorgsam mit dem Getreide umgehen.«

Die Drohung schüchterte den Jungen ein und er ging langsam in Richtung der Felder. Außerhalb Püttlingens traf er auf seine Freunde und erzählte ihnen von der Bitte seiner Mutter.

»Wir helfen dir«, erklärte einer der Freunde und gemeinsam gingen sie zu den Getreideäckern.

Es war ein heißer und windstiller Tag. Die Sonne brannte auf den gelbfahlen Ähren und der Schweiß glitzerte auf den Gesichtern der Kinder, so dass sie gemächlich zu den Feldern marschierten. Doch kaum war das Getreide mit den blauen Blumen darin in Sicht, liefen sie lachend los.

Als der Junge sah, wie die Kinder ins Feld stürmen wollten, schrie er ihnen zu, dass sie am Rand bleiben sollten. Erstaunt hielten die Freunde inne und der Junge erzählte ihnen von der Ermahnung der Mutter. Doch die Kinder lachten darüber und meinten, es gäbe keine Kornfrau.

»Auch tut es Gott nicht weh!«, rief einer der Knaben. Jauchzend und lachend liefen sie daraufhin ins Korn und nur der Junge blieb am Ackerrand stehen. Mit ängstlichem Blick schaute er den Freunden hinterher, als er glaubte, eine Bewegung in dem Feld ausmachen zu können.

»O weh, ein Tier huscht im Korn herum«, rief er den Kameraden zu. Tatsächlich knackte, raschelte und rauschte es in den Halmen. Als ob eine Windböe mit dem Korn spielen würde, schlugen Wogen von Halm zu Halm.

Doch die Kinder ließen sich davon nicht beirren. Sie trampelten lachend im Feld umher und rissen manche Kornblume mitsamt den Wurzeln heraus. Die Mädchen tanzten und sangen dabei, während die Burschen den Takt mit dem Fuß stampften. Sie waren lustig und guter Dinge und dachten sich mit ihrem Benehmen nichts Schlechtes, denn schließlich hatte der liebe Gott für die Menschen die Pflanzen wachsen lassen.

»O weh, wenn die Kornfrau kommt«, jammerte der Junge voller Angst. Die Kinder riefen dem Jungen zu, mit ihnen zu spielen und kein Hasenfuß zu sein. Das wollte sich der Bursche nicht vorwerfen lassen und eilte den Freunden ins Feld hinterher. Niemand achtete mehr auf die Wogen, die die Halme schlugen und die stetig näher kamen.

Immer und immer wilder wehte das Korn und auf einmal stieg die unheimliche Gestalt der Kornfrau aus den Ähren. Ihr Anblick fuhr den Buben und Mädchen durch Mark und Bein.

Die Kornfrau hatte den Wehschrei der Ähren vernommen, die sich beklagten, dass böse Menschen das Korn zertraten. Die Frau schien uralt zu sein, denn sie hatte schlohweißes Haar und viele Runzeln im Gesicht. Doch ihre Augen blickten wach und streng und ihre Gestalt war kerzengerade.

Mit bangen Blicken musterten die Kinder die Frau und wollten schreiend davonlaufen, doch sie schienen wie gebannt. Stumm und gelähmt standen sie auf ihren Plätzen und schauten der Kornfrau zu, wie sie alle zertretenen Ähren behutsam in einem Leinensack einsammelte. Als sie damit fertig war, berührte sie den einen Jungen, so dass er sich wieder bewegen konnte. Da er seine Freunde gewarnt und selbst dem Korn nicht geschadet hatte, schickte die Kornfrau ihn ungestraft heim. Doch die anderen Kinder bestrafte sie ganz erbärmlich mit einem Knotenstock und trieb sie anschließend in den Sprenger Wald, wo sie sich verirrten.

Die Kornfrau aber verschwand wieder inmitten der Felder und nur das Wogen der Halme verriet ihre Anwesenheit.

Als die Kinder nicht zum Abendbrot erschienen, suchten die Eltern nach ihnen. Der Junge erzählte ihnen, was passiert war und so fanden die Eltern die Burschen und Mädchen zitternd im dunklen Forst. Doch anstatt sie zu trösten, schalten und bestraften die Mütter und Väter sie. So aber mussten die Kinder schmerzhaft erfahren, dass die Kornfrau tatsächlich über das Getreide wacht, damit es ungestört wachsen kann.

Die schwarze Muttergottes von Gräfinthal

— Gräfinthal —

Da es Ende Mai so warm und trocken wie seit langem nicht mehr war, machten viele Klassen einen Ausflug zur Naturbühne von Gräfinthal. Nachdem sie dort ein Theaterstück angeschaut hatten, riefen die Lehrer ihre Klassen zusammen, zählten die Kinder, damit auch keines vergessen wurde und gemeinsam ging man zurück zu den wartenden Bussen.

Gerade als der Busfahrer der Klasse 4b aus Saarbrücken die Türen schließen wollte, rief der zehnjährige Peter: »Die Anna-Maria ist wieder nach draußen gelaufen, Frau Schuster!«

Entsetzt blickte sich die Lehrerin um, als sie das Mädchen kommen sah. Mit hochrotem Gesicht stieg Anna-Maria ein und hielt der Lehrerin einen kleinen Zweig Schlehdorn entgegen. »Den habe ich für Sie gepflückt«, wisperte das Mädchen und setzte sich. Die Lehrerin nahm den dornigen Zweig entgegen und schnupperte vorsichtig an den weißen Blüten.

»Vielen Dank, Anna-Maria!«, sagte sie lächelnd. »Aber das nächste Mal sagst du Bescheid, wenn du dich von der Klasse entfernst.« Das Mädchen nickte und war froh, dass die Lehrerin nicht böse auf es war.

Während der Rückfahrt ging die Lehrerin durch die Busreihen und zeigte jedem Kind den dornigen Zweig mit den weißen Blüten, die zart nach Mandeln rochen. »Kennt jemand von euch die Sage um die schwarze Muttergottes von Gräfinthal?«, fragte die Lehrerin die Kinder.

Alle schüttelten den Kopf und schauten die Lehrerin neugierig an. Frau Schuster ging nach vorn zum Busfahrer, hielt das Mikrofon an ihre Lippen, damit jeder sie hören konnte, und erzählte:

»Es lebte einst ein junger Mann in Ormesheim, der Strutelpeter genannt wurde. Er diente in einem großen Heer, das vor Wien gegen die Türken kämpfte. Eines Tages kam es wie es seine Mutter befürchtet hatte – der junge Soldat wurde wie viele andere vom Feind gefangen genommen.

Die Türken verlangten von ihren Gefangenen, dass sie von dem katholischen Glauben ablassen sollten. Viele Männer verleugneten nun ihre Religion, denn sie hatten Angst, dass man ihnen Schlimmes antun würde.

Doch nicht der Strutelpeter aus Ormesheim. Er hielt standhaft und treu zu seinem katholischen Glauben und selbst als man ihn bedrohte, gab er nicht auf. Daraufhin wurde er in einen tiefen und dunklen Kerker gesperrt, wo er verschimmeltes Brot und faules Wasser bekam und unerträgliche Qualen aushalten musste.

Der junge Mann hatte Angst, allein in dem dunklen Loch verrückt zu werden und rief sich seine Heimat in Erinnerung. Mit geschlossenen Augen dachte er an seine Eltern, an sein Zuhause und an die Schönheit des Mandelbachtals. In seinen Träumen sah er das Dorf, in dem er aufgewachsen war, hörte seine Eltern rufen und sah das Bild der schwarzen Muttergottes des Klosters Gräfinthal vor sich. Mit Tränen in den Augen gelobte er der heiligen Jungfrau, dass er ihr eigenhändig eine Kapelle erbauen und die Steine auf seinem Rücken heranschleppen würde, wenn er nur die Heimat wiedersehen dürfte. Immer wieder betete er zur heiligen Jungfrau und gab die Hoffnung nicht auf, doch die Zeit verrann und nichts geschah.

Dann, eines Morgens, erwachte der Strutelpeter unter einem Busch mit weißen Blüten und konnte ihren feinen Duft riechen. Erstaunt erblickte er über sich den blauen Himmel und um sich die grünen Wiesen und glaubte, das Mandelbachtal zu erkennen. Der junge Mann dachte zuerst, dass er nun verrückt geworden sei. Doch als vom nahen Kirchenturm das vertraute Glockenspiel erklang, wusste er, dass die heilige Jungfrau ihn erhört hatte. Sie hatte ihn mitten in der Nacht auf einem Sternenteppich nach Hause getragen und unter einen blühenden Schlehdornbusch gelegt.

Kaum war der junge Mann wieder bei Kräften, löste er sein Versprechen ein und erbaute zu Ehren der heiligen Jungfrau eine Kapelle. Niemand durfte ihm helfen! Er allein schleppte die Steine und setzte sie übereinander – ganz so, wie er es in seinen Gebeten versprochen hatte. Als die Kapelle fertig war, wurde sie der heiligen Jungfrau geweiht, doch im Volksmund bekam sie den Namen des Erbauers und heißt seitdem: Die Strutelpeters-Kapelle.«

Die goldigen Schlüsselblumen

— St. Ingbert —

Das Wahrzeichen der Stadt St. Ingbert, die im Saarpfalz-Kreis liegt, ist ein großer Buntsandsteinfels, der einige Meter in die Höhe ragt. Wind und Wasser haben das Gestein im Laufe der Jahrhunderte so verformt, dass der bunte Felsstein wie ein Stiefel aussieht, der auf dem Kopf steht. Schon die Kelten sollen diesen Felsen verehrt haben, der nur über einen steilen Pfad zu erreichen ist. Aber auch viele Sagen ranken sich um den Stiefel bei St. Ingbert. So auch diese von den gelben Waldschlüsselblumen, die am Steinplateau früher als irgendwo sonst ihre Blütenköpfchen öffnen sollen:

Es war einmal ein junges Mädchen, das begegnete inmitten des Waldes bei St. Ingbert einem Jäger. Kaum hatte der fesche Jägersmann die holde Jungfrau erblickt, verliebte er sich in sie.

Ihr liebliches Wesen und ihr hübsches Gesicht hatten den rauen Gesellen verzaubert, und er versprach ihr die Ehe. Voller Freude nahm das Mädchen seinen Antrag an, denn sie hatte sich ebenfalls vom ersten Augenblick an zu ihm hingezogen gefühlt.

Doch die Liebe des Mannes war nur von kurzer Dauer. Als der Jäger nämlich erkannte, dass das Mädchen zwar hübsch anzusehen, aber arm wie eine Kirchenmaus war, ließ er sie kurz vor der Hochzeit sitzen. Rasch hatte er eine andere Braut gefunden und heiratete schon bald eine reiche Bauerstochter.

Das arme Mädchen jedoch war wegen seiner verlorenen Liebe unsäglich traurig. Nur zu gerne hätte es mit jemandem über sein Leid gesprochen, doch es hatte weder Mutter noch Vater, weder Bruder noch Schwester. Niemand war da, mit dem es hätte reden können und niemand war da, der es hätte trösten können. Allein mit ihrem Kummer weinte die Jungfrau in ihrer ärmlichen Hütte am Rande des Waldes. Der einzige, der von ihrem Schmerz hörte, war der Wind, und der erzählte es den Bäumen.

Es war einer der Vorfrühlingstage, der das Mädchen vor die Türe lockte. Nach einem kalten Winter erwärmten die ersten Sonnenstrahlen die Erde und ließen den Schnee schmelzen.

Die Maid trocknete ihre Tränen und ging den steilen Pfad hinauf zum Buntsandsteinfels. Erstaunt erblickte sie zwischen den Felsenspalten auf dem Steinplateau kleine gelbe Blütenköpfe, die sich der Sonne entgegenstreckten. Wie von Zauberhand angezogen, ging das Mädchen darauf zu und pflückte erst eine Blüte, dann zwei, und dann immer mehr von den gelben Schlüsselblümchen. Es war, als ob eine innere Macht es zwingen würde, nicht eher zu ruhen, bis es einen Arm voller Blüten hätte. Als das Mädchen keine Blumen mehr tragen konnte, ließ der Zwang nach, und es ging nach Hause.

Als es mit seinem wuchtigen Blumenstrauß in seiner Hütte saß, spürte es, dass Kummer und Leid es verließen und der Freude in seinem Herzen Platz machten. Es schmückte sein ärmliches Heim mit den gelben Blumen und ging müde zu Bett.

Kaum war das Mädchen am nächsten Morgen erwacht, sah es sofort nach den Blumen und erschrak. Über Nacht hatten sich alle gelben Blütenköpfe in pures Gold verwandelt. Die Maid konnte ihr Glück nicht fassen, war sie doch mit einem Mal ein reiches Mädchen geworden. Schon bald hatte sich das Wunder herumgesprochen, doch niemand neidete der Jungfrau das Glück. Jeder war froh, dass dies dem armen Mädchen widerfahren war. Schon bald verließ die Maid ihr karges Zuhause und zog in eine ferne Stadt, wo sie die Frau eines angesehenen Bürgers wurde. Die junge Frau vergaß nie ihre ärmliche Herkunft und tat mit ihrem Geld viel Gutes, weshalb sie von allen Menschen gemocht wurde.

Der treulose Jäger hingegen hatte schon bald das Geld seiner Frau verprasst und fand kurz darauf im Wald einen bösen Tod.

Noch heute pflücken die Menschenkinder die gelben Schlüsselblumen in der Hoffnung, dass sich die Blüten über Nacht in blinkendes Gold verwandeln.

Das Gänseliesel

— Spiesen —

In dem Dorf Spiesen im Saarland soll sich nach dem dreißigjährigen Krieg folgende Geschichte zugetragen haben:

Im Jahre 1648 herrschten überall im damaligen Deutschland – so auch in unserem Land an der Saar – Elend, Hunger und Verwüstung. Vielerorts waren die Häuser und Kirchen niedergebrannt, die Menschen vertrieben oder sogar getötet worden. Zahlreiche Kinder mussten in dieser Zeit ohne Eltern aufwachsen und für sich selbst sorgen. So auch ein Waisenmädchen, das von allen nur das Gänseliesel genannt wurde.

Tagtäglich zog das Kind mit einer Schar von schnatternden Gänsen los, die ihm die Dorfgemeinschaft von Spiesen anvertraut hatte. Das Mädchen sollte dafür sorgen, dass die Tiere genügend zu fressen bekamen und prächtig gediehen, damit die Menschen in Spiesen keinen Hunger litten.

Dafür, dass sich das Gänseliesel um die Tiere kümmerte, bekam es selbst ebenfalls zu essen und auch einen Schlafplatz im Stall zugewiesen, der warm und trocken war.

Auf der Suche nach guten Futterstellen für seine gefiederte Herde erkundete das Mädchen die nähere Umgebung von Spiesen und entdeckte dabei durch die fast undurchlässigen Wälder noch unbekannte Wege. So gelangte es zu fremden Plätzen inmitten der Forste, wo saftiges Gras für seine Tiere wuchs.

Dank der Fürsorglichkeit des Mädchens wurden die Gänse dick und rund, und die Spiesener Dorfgemeinschaft war sehr zufrieden mit seiner Arbeit. Trotzdem wurde es von den anderen Kindern im Ort gehänselt und keiner der Buben und Mädchen wollte mit ihm etwas zu tun haben. Das arme Gänselieschen wurde wie eine Aussätzige gemieden, da es keine Verwandten hatte, die für es sorgten. Auch war es bettelarm, denn es besaß nichts weiter außer den Kleidern auf seinem Leib.

Oft lag das Gänseliesel traurig auf seinem Lager aus Stroh und blickte durch die kleine Luke im Stalldach in den Nachthimmel.

»Ach, wenn mich doch nur jemand gern hätte«, seufzte es dann unter Tränen.

Nach dem dreißigjährigen Krieg wussten auch viele Soldaten nicht, wohin sie nun gehen, was sie arbeiten oder wovon sie leben sollten. Also zogen sie plündernd übers

Land und raubten den Menschen rücksichtslos das Wenige, was ihnen geblieben war.

So kamen die wilden Horden auch in das Örtchen Spiesen, das bis dahin von allzu großem Leid verschont geblieben war.

Als plötzlich im sonst stillen Tal das Kriegsgeschrei ertönte, flohen die Menschen voller Furcht die Anhöhen hinauf in die nahen Wälder. Doch die Soldaten, die durch den langjährigen Kampf jegliches Mitleid verloren hatten, folgten den Flüchtigen und schossen erbarmungslos um sich.

Nachdem die Menschen in Spiesen sich versteckt hatten und niemand den Soldaten mehr Gegenwehr leistete, stahlen die Männer das Vieh, Brot und Gemüse, sowie das wenige Geld, was sie in manchen Häusern fanden. Hütten, in denen es nichts zu plündern gab, steckten sie rücksichtslos in Brand.

Das Gänseliesel hatte von all dem nichts mitbekommen, da es seit den frühen Morgenstunden mit seiner Gänseherde unterwegs war. Erst auf dem Heimweg erspähte es die brennenden Häuser und sah die plündernden Soldaten. Eilig trieb das Mädchen seine Herde zurück in Richtung der schützenden Bäume, doch da war es schon zu spät!

Die wilde Horde Männer hatte die Gänse bereits gesehen und auch gehört, denn verängstigt durch den Brandgeruch schnatterten die Tiere laut los und schlugen aufgeregt mit ihren hellen Flügeln.

Mit heftig klopfendem Herzen führte das Mädchen seine Schar Gänse zurück zu der Stelle am Waldesrand, wo nur es den Weg hindurch kannte. Das dichte Gestrüpp verhinderte, dass die wütenden Soldaten den Weg sahen und ihm folgen konnten. Fluchend schossen sie mehrmals in den Wald hinein, doch zum Glück wurde weder das Kind noch eines der Tiere getroffen. Das Mädchen entkam den wütenden Männern und führte seine gefiederte Herde zum Mühlental, wo genügend Wasser und saftiges Gras vorhanden war. Dort harrte es einige Zeit aus und ernährte sich wie die Gänse von dem, was die Natur hergab. Beeren, Pilze und Kräuter sorgten dafür, dass es keinen Hunger leiden musste.

Erst als einige Tage vergangen waren, traute sich das Mädchen aus dem Versteck heraus, um im Dorf nachzusehen, ob die Soldaten noch da waren. Seine Herde jedoch ließ es im Schutz des Waldes zurück.

Vorsichtig bewegte sich das Gänseliesel auf Spiesen zu, wo sich ihm ein Bild des Schreckens bot. Fast alle Häuser waren niedergebrannt worden, und der Brandgeruch lag noch immer in der Luft. Aber zum Glück war die wilde Horde Männer verschwunden, so dass das Mädchen sich traute, nach den Dorfbewohnern zu rufen.

Plötzlich stand der Dorfschulze vor dem Kind, der sich kopfschüttelnd und entsetzt umblickte. Als er das Gänseliesel erkannte, fragte er unwirsch: »Was willst du noch hier?« Dann jammerte er: »Wir werden alle verhungern. Nicht ein Stück Vieh haben die Soldaten uns zurückgelassen. Wir können dich nicht mehr ernähren. Sieh zu, wo du bleibst.«

Immer mehr Dorfbewohner gesellten sich zu dem Mann und starrten mit verzweifeltem Blick umher.

Doch da stemmte das Kind seine Hände in die Hüfte, so dass die Leute zu ihm hinsahen und sagte: »Ich war die Ärmste von euch, jetzt aber bin ich die Reichste, denn ich bringe euch die gesamte Gänseherde zurück, die ich im Schutz des Waldes versteckt habe. Nicht ein Tier habe ich verloren.«

Zuerst schauten die Menschen in Spiesen ungläubig, doch als sie begriffen, dass sie nun nicht verhungern mussten, erhellten sich ihre besorgten Gesichter. Alle Frauen, Männer und Kinder, auch die, die das Gänseliesel sonst gemieden hatten, ließen das Mädchen hochleben und klopften ihm dankbar auf die Schulter.

Damit jedoch das mutige Gänseliesel niemals vergessen wird, erinnert heute der *Gänselieselbrunnen* in Spiesen an das Mädchen, das vor vielen, vielen Jahren durch sein umsichtiges Handeln die Dorfgemeinschaft vor dem Hungertod bewahrte.

Der Geist des alten Wengerads

— Schiffweiler —

Die Geschichte soll sich in der Nähe von Landsweiler-Reden und Schiffweiler in jener Zeit zugetragen haben, als die Bauern noch gezwungen waren, für ihren Grundherrn besondere Arbeiten zu verrichten. Solche Frondienste, wie sie damals genannt wurden, waren zum Beispiel auf den Feldern des Grundherrn das Unkraut jäten, sein Holz im Wald fällen, oder sogar für ihn in den Krieg ziehen. Auch, wenn diese Dienste von unterschiedlicher Art sein konnten, so hatten sie doch eines gemeinsam: Die Bauern bekamen dafür kein Geld!

In dieser harten Zeit genoss ein alter Förster namens Wengerad Sonderrechte, denn er war der Förster des Grundherrn.

Dadurch war er nicht nur von den Frondiensten befreit, er konnte sogar die Bauern dazu verpflichten, für ihn zu arbeiten, was er auch schamlos ausnutzte. Es schien ihm sogar ein wahres Vergnügen zu bereiten, die armen Menschen selbst während der Erntezeit Arbeiten im Forst verrichten zu lassen.

Doch nicht nur deshalb war Wengerad ein verhasster Mann, sondern auch, weil er der Steuereintreiber des Grundherrn war. Dieser Aufgabe ging er besonders rücksichtslos nach und kannte kein Erbarmen. Selbst wenn er wusste, dass die Bauern kaum etwas zu essen hatten, verlangte er, dass sie ihre Abgaben pünktlich bezahlten.

Wengerad war wegen seines hartherzigen Verhaltens ein einsamer Mensch, denn niemand wollte mit ihm Kontakt halten. Zudem hatte er weder Frau noch Kinder, und so war er allein, als er eines Tages starb.

Wie zu dieser Zeit üblich sollte auch in Wengerads Haus am offenen Sarg die Totenwache gehalten werden.

Doch wer sollte das machen? Weder aus Schiffweiler noch aus Landsweiler wollte jemand dem Toten diese Ehre erweisen. Erst nach langem Bitten und Betteln und einer Handvoll Münzen erklärten sich drei junge Männer bereit, die Totenwache zu übernehmen.

Mit mulmigem Gefühl betraten die Burschen Wengerads Schlafzimmer und setzten sich vor seinen offenen Sarg, in dem der Leichnam lag. Dann warteten sie ungeduldig darauf, dass die Nacht vorbeiging und sie wieder nach Hause gehen konnten.

Die drei Burschen waren gerade etwas eingeschlummert, als mitten in der Nacht jemand die Haustürklinke nach unten drückte. Erschrocken blickten sich die Männer an. Der mutigste unter ihnen erhob sich, um nachzusehen, wer zu so später Stunde vor dem Hause stand.

Langsam schlich er die Treppe hinunter. Doch als er die Tür öffnete, fuhr der Schreck durch seine Glieder, denn der alte Wengerad stand leibhaftig vor ihm und lachte ihn spöttisch an. Entsetzt fasste sich der Bursche an den Kopf und floh aus dem Haus, ohne seinen Freunden Bescheid zu geben.

Als nun der junge Mann nicht ins Schlafzimmer zurückkehrte, ging der zweite Bursche nachsehen, wo er abgeblieben war. Bereits an der untersten Stufe erblickte er den Geist und auch er lief verstört zur offenen Tür hinaus ins Freie. Doch bevor er das Haus verließ, rief er dem dritten ahnungslosen Burschen zu, dass ein Geist zu ihm hinaufkäme. Der junge Mann überlegte nicht lange, denn er hatte die Angst in der Stimme des Freundes vernommen, und sprang sogleich aus dem Fenster. Unten traf er seine Kameraden und gemeinsam liefen sie ins Dorf, um den Menschen von dem Geist zu berichten. Aufgeregt standen die Leute zusammen, doch niemand traute sich in Wengerads Haus.

So gingen die Nachbarn erst am Tag der Beerdigung hinein, um den Sarg des alten Wengerads zum Friedhof zu tragen. Zahlreiche Menschen hatten sich um das

Haus versammelt und gafften neugierig, denn die Mär von dem Geist hatte sich rasch herumgesprochen.

Die Träger mit dem Sarg hatten sich schon auf den Weg zum Friedhof gemacht, da erschallte plötzlich Gelächter aus dem oberen Stockwerk des Hauses. Als die Menschen nach oben blickten, sahen sie den alten Wengerad am Fenster stehen, der höhnisch fragte: »Was wollt ihr denn hier?« Die Menschen zitterten vor Angst und die Träger brachten eilig den Sarg zurück ins Haus, um den Deckel zu öffnen. Doch der Tote lag steif und starr darin. Erleichtert schlossen sie den Sarg wieder und brachten ihn nun zum Friedhof, um den Toten rasch beizusetzen.

Obwohl der alte Wengerad endlich beerdigt war, kehrte keine Ruhe in sein Haus ein. Jede Nacht hörten die Einwohner in der Umgebung den Geist poltern, lachen und die Menschen verspotten. Da sich die Einwohner von Schiffweiler und Landsweiler keinen Rat wussten, suchten sie den katholischen Pastor in Ottweiler auf. Der kam und bannte letztendlich den Geist in den Kohlewald bei Schiffweiler, wo er jedoch bis heute sein Unwesen treiben soll.

Die Leute in der Gegend erzählen, dass immer, wenn der Wind unheimlich durch die Bäume rauscht, der Geist den Wanderern auf den Rücken springt. Das zusätzliche Gewicht des alten Wengerads lässt sie krummbucklig werden, so dass jeder Schritt eine Qual für sie wird.

Die unheimliche Besucherin

— Lebach —

Vor mehreren hundert Jahren ließ die Familie der Freileute von Hagen das barocke Schloss *Zur Motten* in Lebach erbauen.

Auch heute kann man noch einen Teil des alten Torhauses besichtigen, das nahe der Pferderennbahn außerhalb Lebachs steht.

Damals jedoch plante Johann Hugo von Hagen für seinen Bruder Johann Wilhelm Ludwig ein dreistöckiges, herrschaftliches Gebäude mit einer mehrstufigen, hellen Eingangstreppe davor. Rechts und links neben dem Schloss entstanden die Stallungen und gegenüber dem Prunkgebäude das imposante Hoftorhaus.

Das Schloss war von mächtigen Bäumen umgeben und in dem Garten, in dem man künstliche Wassergräben und Terrassen angelegt hatte, prangten unzählige Blumen. Schloss *Zur Motten* war ein wunderschönes Anwesen, in dem die Familie von Hagen viele, viele Jahre glücklich und zufrieden lebte.

Doch dann im Jahr 1750 verstarben zuerst der Freiherr Johann von Hagen und drei Jahre später seine Frau Anna Maria, die das stolze Alter von 69 Jahren erreicht hatte.

Wie beim Freiherrn würden auch von seiner Frau zahlreiche Menschen Abschied nehmen wollen und deshalb sollte ihr Leichnam ebenfalls im prunkvollen Rittersaal aufgebahrt werden.

Bedienstete hängten deshalb die reich verzierten Wände des Saales mit schwarzen Tüchern ab und öffneten die Fenster, damit Kälte sich im Raum ausbreiten konnte.

Nachdem die tote Freifrau von Hagen in ihrem schönsten Gewand gekleidet worden war, legte man sie auf ein prachtvolles Bett nieder, das man in die Mitte des Rittersaales geschoben hatte.

Als der Abend dämmerte, entzündeten die Mägde Hunderte von Kerzen, so dass der Saal in sanftes Licht getaucht wurde und das Gesicht der Freifrau Anna Maria von Hagen aussah, als ob sie schlafen würde.

Wie es die Tradition verlangte, hielten der Schlosshauptmann und zwölf seiner Männer in einem Nebenraum des Rittersaales die Totenwache. Es war mitten in der Nacht, als der Hauptmann plötzlich hörte, wie eine Kutsche auf dem Kiesweg vor dem Schloss anhielt. Er lief sogleich die Treppenstufen hinunter, um das Portal zu öffnen. Erstaunt erblickte er eine schwarze Kutsche mit vier ebenso schwarzen Rössern vor dem Schloss. Als der Wachmann näher kam, öffnete sich die Kutschentür und eine vornehme, schwarz gekleidete Frau stieg aus, deren Gesicht ein schwarzer Schleier verhüllte. Mit leiser Stimme bat die Unbekannte, mit der toten Freifrau von Hagen eine Weile allein verbringen zu dürfen, da sie von ihr Abschied nehmen wollte.

Zuerst weigerte sich der Hauptmann, den Wunsch der Frau zu erfüllen – schließlich war es mitten in der Nacht! Doch dann nannte die Unbekannte ihren Namen und erklärte unter Tränen, dass sie die beste Freundin der Verstorbenen sei. Dem Mann war ihr Name wohl bekannt und ihr Kummer rührte ihn. So begleitet er sie bis zum Totenbett der Freundin und ließ sie dann allein, damit sie in Ruhe Abschied nehmen konnte.

Der Hauptmann schloss leise das wuchtige Eingangsportal des Rittersaals und wartete geduldig in dem Raum davor, bis sie Abschied genommen hatte.

Die Zeit verstrich und der Wachmann ging müde vor der Tür auf und ab, als er meinte, Stimmen aus dem Rittersaal zu hören. Neugierig geworden, lugte er durch das Schlüsselloch. Was er sah, ließ ihm das Blut in den Adern gefrieren. Die tote Freifrau von Hagen saß aufrecht auf ihrem Totenbett und sprach leise zu der Freundin. Obwohl das Gesicht der Verstorbenen leichenstarr und totenblass war, bewegten sich ihre Lippen.

Da der Hauptmann zu träumen glaubte, rief er seine Männer hinzu und ließ einen nach dem anderen durchs Schlüsselloch schauen – und alle sahen dasselbe. Als der Hauptmann ein weiteres Mal hindurchlinste, legte sich die verstorbene Anna Maria von Hagen langsam zurück auf ihr Totenbett. Kurz danach verließ die fremde Frau den Rittersaal und ging stumm an dem Wachmann vorbei, der ihr eilends hinterher lief.

Als sie in die Kutsche einsteigen wollte, ergriff er ihre Hand, um ihr behilflich zu sein und erschauderte, denn ihre Finger waren eiskalt. Kaum hatte die Frau in der Kutsche Platz genommen, preschten die schwarzen Pferde davon. Mit Entsetzen erkannte der Wachmann, dass aus den Nüstern der edlen Rösser Feuer flammte.

Am folgenden Tag traf eine Nachricht auf Schloss *Zur Motten* ein. Eine gute Freundin der Freifrau Anna Maria von Hagen, die eine Tagesreise entfernt wohnte, sei in der vergangenen Nacht verstorben – zur gleichen Stunde, in der sie von der Toten im Rittersaal Abschied genommen hatte. Als der Hauptmann von der Nachricht hörte, lief ihm ein Schauer über den Rücken.

Hatte er die nächtliche Szene nur geträumt?

Die Geisterstimmen vom Mottenborn

— Bilsdorf —

Früher mussten die Kinder aus Bilsdorf noch zu Fuß nach Nalbach zum Kommunionsunterricht gehen. Um den Weg zur Kirche abzukürzen, marschierten sie durch den Wald und nutzten denselben Pfad auch für den Rückweg.

Da die Kinder bereits in wenigen Wochen die Heilige Kommunion empfangen würden, hatte der Pastor heute besonders lange Unterricht gehalten. Er hatte die Gebete und Bibelsprüche so lange abgefragt, bis die Kinder keine Fehler mehr aufsagten – erst dann durften sie nach Hause gehen.

Inzwischen war es spät geworden und weil schon bald die Dunkelheit hereinbrechen würde, liefen die Kinder eilig den Waldweg entlang. Zur damaligen Zeit hatten die Eltern kein Geld für Schuhwerk, weshalb die Kinder barfüßig marschierten. Das Licht wurde rasch schwächer und Maria konnte kaum den Boden vor sich erkennen. Als sie mit ihrem blanken Fuß gegen einen spitzen Stein stieß, schrie sie vor Pein leise auf. Doch da ihre Freunde aufgeregt durcheinander plapperten, hörten sie Marias

Wehklagen und Rufe nicht. Auch bemerkten sie nicht, dass ihre Freundin weit hinter ihnen herhumpelte.

Zum Glück konnte Maria am Ende des Weges bereits den Ortseingang von Bilsdorf erkennen, so dass sie sich nicht fürchtete, allein weiterzugehen. Sie müsste nur an der Quelle beim Mottenborn vorbeigehen, dann würde sie schon bald ihr Elternhaus sehen.

Die Neunjährige versuchte das letzte Stück des Weges etwas schneller zu gehen, als sie glaubte, Stimmen zwischen den Bäumen zu hören. Erschrocken blickte sie sich mit ängstlichen Augen um und wollte hastig weiterlaufen, als die Stimmen ihr zuflüsterten: »Du musst dich nicht fürchten. Wir wollen dir nichts Böses.«

Neugierig geworden, hielt Maria inne und ließ ihren Blick suchend zwischen den Baumstämmen umherschweifen. Doch sie konnte niemanden erkennen. Ihre Freunde hatten den Wald bereits verlassen und bekamen von der wundersamen Begebenheit nichts mit.

Maria stand da und wusste nicht, was sie machen sollte. Sie verspürte zwar Unsicherheit, aber keine Angst. »Wer seid ihr? Ich kann euch nicht sehen?«, flüsterte sie mutig in den Wald hinein.

»Komm einige Schritte näher, dann kannst du uns erkennen.«

Marias Herz klopfte schneller als sonst, doch ihre Neugierde trieb sie dazu, weiter in den Wald hineinzugehen. Tiefe Finsternis umgab sie.

»Wo seid ihr?«, wisperte das Mädchen. »Ich kann euch noch immer nicht sehen.«

»Du stehst genau vor uns«, antworteten die Stimmen.

»Aber wo? Ich sehe euch nicht«, sagte Maria enttäuscht.

»Wir sind in den Bäumen«, erwiderten die Stimmen.

»Was macht ihr dort?«, flüsterte Maria und blickte an den Baumstämmen empor.

»Wir sind die armen Seelen, die im Fegefeuer gefangen sind. Erst wenn wir erlöst werden, können wir unseren Frieden finden.«

»Wie könnt ihr erlöst werden?«, wollte Maria mit trauriger Stimme wissen. Sie war voller Mitleid für die armen Seelen.

»Es wird eine Zeit kommen, da werden diese Bäume groß und mächtig sein und gefällt werden, ihr Holz wird man zu Tischen, Türen, Fenstern und vielen anderen nützlichen Dingen verarbeiten. Doch aus einem Stamm wird jemand eine Wiege herstellen und in dieser Wiege wird ein Kind liegen. Es wird ein besonderes Kind sein, denn wenn der Knabe erwachsen ist, wird er zum Priester geweiht werden. An diesem besonderen Tag werden wir aus dem Fegefeuer erlöst werden und können endlich unseren Frieden finden.«

Viele Jahre später wurden die Bäume beim Mottenborn bei Bilsdorf tatsächlich gefällt, doch wer weiß, vielleicht warten die Seelen noch immer auf den Priester, der sie erlösen wird.

Die verzauberte Jungfrau

— Urweiler —

In einer Zeit, als es noch keinen Fernseher oder Computer gab, da trafen sich die Menschen in den Wirtshäusern, um Neuigkeiten auszutauschen oder um ihre Langeweile zu vertreiben. So auch in dem Gasthaus bei Urweiler.

Dort saßen wie so oft in der Woche mehrere Männer aus der Umgebung im Schankraum zusammen und knobelten, als die Wirtshaustür aufgerissen wurde und ein junger Mann hereinstürmte. Er war den Männern wohl bekannt, denn er war der Hirte in der Umgebung.

Kreidebleich bestellte sich der Bursche einen Krug mit frisch gezapftem Bier, den er in einem leerte, so dass die Männer erstaunt aufblickten.

»Du siehst aus, als ob dir der Teufel persönlich erschienen wäre«, scherzte einer und lachte laut. Doch das Lachen verging ihm, als er den angsterfüllten Blick des Burschen erkannte.

»Was ist passiert?«, fragte er nun voller Mitgefühl.

Der Hirte schluckte kurz und erzählte dann:

»Wie ihr wisst, hüte ich die Schafe der St. Wendeler Bauern. Jeden Tag ziehe ich auf eine andere Weide, damit die Tiere genügend frisches Gras zu fressen haben. Heute Morgen habe ich sie den alten Weg von Urweiler nach Roschberg geführt, um sie in der Senke am Jungfernhüwel grasen zu lassen.«

Als der Bursche den Namen des Jungfernhüwel nannte, sogen die Männer, die ihm aufmerksam zuhörten, die Luft zwischen die Zähne und sahen sich wissend an, denn sie ahnten bereits, was er erzählen würde.

Mit banger Stimme berichtete der Hirte weiter:

»Da die Schafe ruhig weideten, setzte ich mich unter einen Baum und beobachtete die Herde. Plötzlich hörte ich ein seltsames Geräusch hinter mir. Ich drehte mich um und erblickte ein wunderschönes Mädchen, das auf mich zukam. Es hatte ein weißes Gewand an und ein weißes Häubchen auf ihren langen blonden Haaren. Die Sonne ließ ihr hübsches Gesicht erstrahlen, so dass ihre blauen Augen wie die schönsten Edelsteine funkelten. Mit einer Stimme, die wie Engelsgesang klang, sagte sie: ›Du bist der Mensch, der mich erlösen kann!‹

Erstaunt sah ich sie an und fragte: ›Wie soll mir das möglich sein? ‹

Die Jungfrau lächelte sanft und erklärte mir: ›Wenn die Glocken im Ort zur Mittagsstunde läuten, werde ich dir als Schlange erscheinen. Du darfst nicht furchtsam sein, schreien, oder mir ein Leid zufügen. Denn zwischen meinen giftigen und langen Schlangenzähnen werde ich einen silbernen Schlüssel halten, den du mir entnehmen musst, damit ich erlöst werde. Als Dank für deine mutige Tat wird dir dieser Schlüssel die Tür öffnen, hinter der Gold und Edelsteine in Hülle und Fülle auf dich warten, so dass du niemals wieder Not leiden musst.‹

Die Jungfrau hielt kurz inne und blickte mich traurig an, dann erklärte sie flüsternd: ›Solltest du aber nicht den Mut haben, der Schlange den Schlüssel zu entnehmen, so werde ich weitere hundert Jahre warten müssen, bis wieder ein Hirte kommen wird, der mich erlösen kann.‹

Dann verschwand die Jungfrau so plötzlich, wie sie erschienen war. Ich bin ungeduldig hin und her gegangen und habe auf das Mittagsgeläut gewartet. Kaum erklangen die Glocken aus dem Dorf, hörte ich es auch schon hinter mir im Gras rascheln und zischen. Als ich mich umblickte, sah ich eine riesige Schlange, die auf mich zuschlängelte. Sie hatte ein goldenes Krönlein auf dem Kopfe und den silbernen Schlüssel zwischen den langen und giftigen Zähnen.«

Der Hirte stockte kurz und fuhr dann mit leiser Stimme fort: »Das Grauen schnürte mir die Luft ab und ich zitterte am ganzen Leib, so dass ich Hals über Kopf das Weite suchte.«

Seine Augen bekamen einen feuchten Glanz. »Ich brachte es nicht übers Herz, umzukehren, zu groß war meine Furcht. Ich habe versagt und nun muss die arme Jungfrau weitere hundert Jahre auf ihre Erlösung warten.«

Auch heute noch erzählen sich die Bauern aus der Umgebung von Urweiler, dass sie in der Abenddämmerung eine Jungfrau in weißem Gewand über die Weiden und Äcker wandeln sehen. Noch immer hält sie nach einem Hirten Ausschau, der sie von ihrem Bann erlösen kann.

Der heilige Wendelinus

— St. Wendel —

Die Legende erzählt, dass im sechsten Jahrhundert nach Christi Geburt ein junger Mann aus Irland ins Land an die Saar kam, der angeblich von königlicher Abstammung war. Man munkelte damals, dass der Bursche jedoch nie ein König sein wollte, sondern sich für ein Leben im Dienste Gottes entschieden hatte. Sein Name lautete Wendelin.

Da Wendelin für sein tägliches Brot arbeiten musste, hütete er die Schafe eines reichen Mannes.

Wendelin war ein guter Hirte und führte seine Herde auf die saftigsten Weiden der Umgebung. Auch hatte er ein umfangreiches Wissen in der Pflanzen- und Heilkunde und wusste, wie er kranken Tieren helfen konnte. Während Wendelins Zeit als Hirte kamen viele gesunde Lämmer zur Welt, so dass die Schafherde stetig wuchs und den Reichtum des Gutsherrn vermehrte.

Wendelin verbrachte sein Leben in Demut und Frömmigkeit. Er forderte nichts und war mit dem zufrieden, was er besaß. Das aber beschämte den reichen Gutsbesitzer, denn er selbst hatte den Ruf, ein gemeiner Räuber zu sein und die Menschen auszunutzen. Der Mann beobachtete Wendelin und was er sah, gefiel ihm. Schon bald nahm der Gutsherr sich Wendelin als Vorbild und veränderte sein Leben. Er wurde ein besserer Mensch und aus Dankbarkeit schenkte er Wendelin ein Stückchen Land, wo er für immer leben konnte.

Als die Bevölkerung erkannte, dass ihr sonst so gemeiner Gutsherr sich zum Vorteil verändert hatte, erzählten sie überall im Land, dass allein Wendelin dieses Wunder vollbracht hätte.

Daraufhin kamen die Menschen aus allen Himmelsrichtungen zu dem Hirten und erbaten seinen Rat und seine Hilfe.

Wendelin half ihnen bei ihren alltäglichen Problemen und heilte ihre Krankheiten, denn er wusste, welches Kraut gegen welches Übel gewachsen war. Schon bald erzählten sich die Leute, dass Wendelin wahre Wunder vollbringen könnte, wodurch sein Ansehen und seine Beliebtheit bei den Menschen wuchsen.

Den Mönchen eines nahen Klosters gefiel Wendelins fromme Lebensweise und als eines Tages ihr Abt verstarb, fragten sie Wendelin, ob er nicht der Vorsteher ihres Klosters werden wolle. Nachdem Wendelin zugestimmt hatte, lebte er viele Jahre in dem Ort namens

Tholey innerhalb der Klostergemeinschaft und war den Menschen wohlgesonnen.

Als Wendelin im Sterben lag, bauten die Mönche ihm zu Ehren ein steinernes und prächtiges Grabmal. Und als er gestorben war, wurde sein Leichnam in weiße Tücher gehüllt und in die Grabkammer gelegt, wo er seine letzte Ruhestätte fand.

Am folgenden Morgen gingen die Klosterbrüder zu dem Grabmal, um für Wendelin zu beten. Doch dort stellten sie erschrocken fest, dass jemand die Kammer geöffnet und Wendelins Leichnam daneben gelegt hatte. Hastig beerdigten die Mönche den toten Wendelin erneut in der Grabkammer, doch am nächsten Morgen bot sich ihnen das gleiche Bild: Das Grabmal war geöffnet und Wendelins Körper lag daneben. Als dies mehrere Male hintereinander geschah, ahnten sie, dass kein böser Mensch dafür verantwortlich war. Wendelin selbst wollte ihnen so verdeutlichen, dass er nicht an dieser Stelle beerdigt sein wollte.

Doch wo sollte seine letzte Ruhestätte sein? Tagelang grübelten und beteten die Mönche, bis einer unter ihnen vorschlug:

»Lasst uns Wendelins Körper auf ein Fuhrwerk legen und den Karren von zwei Ochsen ziehen, ohne dass einer von uns ihn lenkt. Dort, wo die Zugtiere stehen bleiben, werden wir Wendelin beerdigen.«

Den übrigen Mönchen gefiel dieser Vorschlag und sie stimmten ihrem Bruder zu. Vorsichtig bettete man Wendelins Körper auf ein Fuhrwerk und spannte zwei kräftige Ochsen davor, die vorher noch nie einen Karren gezogen hatten. Langsam trabten die Tiere los und zogen das Fuhrwerk Stunde um Stunde durchs Land und die Mönche folgten ihnen geduldig.

Als die Klosterbrüder in der Ferne ein ärmliches und baufälliges kleines Häuschen entdeckten, das nicht größer als der Verschlag in einem Viehstall war, ahnten sie, wo Wendelin seine letzte Ruhestätte haben wollte.

Tatsächlich blieben die Ochsen vor der Hütte stehen, in der Wendelin einst als Hirte gelebt hatte. Da die Mönche überzeugt waren, dass der Geist Wendelins die Ochsen hierher gelenkt hatte, respektierten sie seinen Wunsch und beerdigten ihn in der Nähe seines einstigen Zuhauses.

Wendelin wurde auch nach seinem Tod von den Menschen verehrt und in Scharen pilgerten sie zu seinem Grab, um zu beten. Im Laufe der Jahrhunderte wurden um die Pilgerstätte herum immer mehr Hütten und Häuser gebaut, so dass schließlich eine Stadt entstand, die man heute unter dem Namen St. Wendel kennt. Viele Jahrhunderte nach Wendelinus Tod wurde die Wendalinusbasilika erbaut, die manche auch den Wendelsdom nennen.

In der Pfarrei St. Wendelin wird alle zehn Jahre das *Wendeljahr* gefeiert. Zu diesem Anlass wird der gläserne Sarg gezeigt, in dem angeblich das Skelett des Wendelins liegt, der wegen seiner guten Taten und Wunder vom Volk als Heiliger verehrt wird.

Die Teufelsbeschwörung

— Düppenweiler —

Marius lief aufgeregt zwischen dem Küchen- und Wohnzimmerfenster hin und her. Endlich war es Samstag, und seine Eltern würden sich mit Freunden treffen. Damit Marius nicht allein im Haus war, hatte seine Mutter ihren Vater gebeten, auf ihn aufzupassen.

Schon die ganze Woche freute sich der Neunjährige darauf, denn sein Opa Kurt war der beste Geschichtenerzähler weit und breit.

Endlich fuhr das Auto vor und sein Großvater stieg aus.

Aufgeregt lief Marius zur Haustür, um ihn einzulassen.

»Opa Kurt, welche Geschichte erzählst du mir heute?«, rief Marius mit leuchtenden Augen.

Der Großvater lachte laut und versprach: »Heute wird es teuflisch!«

Nachdem die Eltern gegangen waren, setzte sich Marius im Schneidersitz auf den Wohnzimmerboden, während sein Opa es sich in dem gemütlichen Sessel bequem machte.

»Erzähl endlich!«, bat Marius aufgeregt, da er es kaum erwarten konnte, die Geschichte zu hören.

Der Großvater dimmte das Licht der Stehlampe neben sich, so dass sein Gesicht nur noch schwach zu erkennen war und gespenstisch wirkte. Dann begann er mit rauer Stimme zu erzählen:

»Es war einmal ein Knecht in der Düppenweiler Mühle, als in den Mühlen an den Bächen noch das Korn gemahlen wurde, und dieser Knecht hieß Jakob. Er war ein fauler Geselle, der nichts schaffen und trotzdem reich werden wollte. Anstatt die Mehlsäcke zu schleppen, stand er am Kondeler Bach und fischte nach Forellen.

Als der Müller das sah, schimpfte er wütend mit seinem Knecht und drohte ihm mit dem Stock. Das sah ein alter Mann, der in diesem Augenblick des Weges kam. Er ging zu Jakob und bedauerte den Knecht.

›Da siehst du, wie mir geschieht, Wandersmann‹, jammerte Jakob verlogen und ohne schlechtes Gewissen. ›Ich schufte tagein, tagaus, und der Einzige, der reich wird, ist der Müller.‹

Der Alte glaubte dem Knecht, der ihn mit traurigem Blick ansah. Er hatte Mitleid mit Jakob und schenkte ihm ein Zauberbuch.

›Gehe sorgsam mit den Zaubersprüchen um!‹, ermahnte der alte Wanderer den Knecht und ging von dannen.

Eines Nachts rief Jakob seine fünf Freunde zusammen,

die wie er um jeden Preis reich werden wollten und vor nichts zurückschreckten.

Als der Müller und seine Frau tief schliefen, trafen sich die Burschen heimlich in einer Kammer der Mühle.

Sie stellten eine große Waschbütte auf den mit Mehl bestäubten Boden in die Mitte des Raumes. Aufgeregt setzten sich die Gesellen im Kreis um den Trog, in den sie das Gold hexen wollten. Jakob nahm das Hexenbuch und murmelte die erste Zauberformel – doch nichts geschah! Ebenso bei dem zweiten und dritten Spruch. Nichts rührte sich. Da hatte plötzlich einer der Burschen den Einfall, die Zaubersprüche rückwärts zu lesen. Kaum lasen sie die Formeln von hinten nach vorn, heulte der Wind laut auf.

Die Weiden, die um die Mühle standen, wankten gefährlich im Sturm hin und her und der Wind ließ die Blätter auf dem Boden auf und nieder tanzen. Plötzlich krachte es! Die Fenster der Mühle zersplitterten, denn die Äste der Bäume hatten sich durch das Glas gebohrt und wuchsen in die Kammer herein. Die Burschen schauten sich mit bangem Blick an, als mit lautem Knall die Tür aufflog und der wahrhaftige Teufel vor ihnen stand! Langsam kam die dunkle Gestalt mit dem Pferdefuss auf die Gesellen zu und rief mit Furcht einflößender Stimme: ›Wenn ich euch einen Trog voll Gold herzaubern soll, dann muss einer von euch mit mir in die Hölle kommen!‹

Ohne lange nachzudenken, rief Jakob, der seine Seele retten wollte: ›Herr Deiwel, nehmt Euch den roten Fuppert mit!‹ Dabei zeigte er auf seinen Freund, dessen Haare so rot wie die Flammen des Feuers waren. Voller Angst sprang der Rothaarige auf, schlug ein Kreuz und rief entsetzt: ›Davor bewahre mich unser lieber Herr Jesus Christ!‹

Im selben Augenblick schrie der Teufel laut auf und verschwand wieder. Ein Gestank nach faulen Eiern blieb zurück und nebelte den Raum ein. Auch der Sturm verstummte und die Äste der Bäume zogen sich aus der Kammer zurück.

Die Burschen aber, die sich selbst zu Zauberern erkoren hatten, fielen betäubt von dem Schwefelgestank in eine tiefe Ohnmacht. Der Morgen graute bereits, als sie wieder erwachten. Jammernd rieben sie sich ihre schmerzenden Köpfe und schauten neugierig zum Trog. Jeder wollte als erster hineinsehen und drängte den anderen zur Seite, als Gestank ihnen den Atem verschlug. Unsicher blickten sie sich an, bis einer den Mut aufbrachte, in den Trog zu greifen. Tatsächlich war die Waschbütt vollgehext, aber nicht mit den erhofften Goldtalern, sondern mit übelriechendem Pferdemist. Erschrocken rannten die Burschen von dannen und gelobten, von nun an ein rechtes und geregeltes Leben zu führen.«

Der falsche Kuckuck

— Mettlach —

Vor vielen hundert Jahren lebte ein Mönch namens Hannes in dem Kloster bei Mettlach, in das er schon als kleiner Junge eingetreten war.

Um Geld für das Kloster zu verdienen, ging Hannes fast täglich zu Fuß in die umliegenden Dörfer und bot den Einwohnern seine unterschiedlichen Waren an. Der Mönch war überall gern gesehen, denn die Menschen mochten ihn. Im Herbst verkaufte Hannes die saftigen Äpfel aus dem Klostergarten stets an den Bäcker von Saarhölzbach, der daraus wohlschmeckenden Kuchen zubereitete. Ebenso war der Honig, den die Mönche im Sommer aus den Waben der Bienen herausschleuderten, bei den Leuten in der Umgebung sehr begehrt.

Obwohl Hannes schon fast fünfzig Jahre alt war, machten die weiten Wege ihm nichts aus. Eines Tages war er losgezogen, um dem Apotheker von Besseringen einen Korb mit duftenden Kräutern zu verkaufen, aus denen er heilsame Salben herstellen wollte.

Der Mönch bog gerade auf den Waldweg ein, da gesellte sich ein fremder Wanderer zu ihm und fragte, ob er ihn ein Stück des Weges begleiten dürfte. Hannes hatte nichts dagegen, da es auf die Dauer langweilig war, allein zu marschieren. Der Mann war in der Welt weit herumgekommen und erzählte Hannes von seinen Reisen an fremde Orte, deren Namen der Mönch noch nie gehört hatte. Neugierig lauschte er.

Die beiden Männer waren schon eine Weile nebeneinander hergegangen, als sie plötzlich in dem Wald den Kuckuck rufen hörten. Sofort blieb der Wanderer stehen und zählte die Rufe des Vogels solange laut mit, bis dieser verstummte. Dann fasste der Mann in seine Hosentasche und zog zwei Geldstücke heraus. Als er sich voller Freude auf die Oberschenkel schlug, blickte Hannes ihn fragend an. Mit einem verschmitzten Lächeln erzählte ihm der Wanderer, dass sich das Geld, das man in den Taschen bei sich trug, vermehren würde, wenn man den Kuckuck rufen höre. Außerdem würde die Anzahl der Kuckucksrufe die Jahre verraten, die man noch zu leben hat.

Hannes, der nicht nur abergläubisch, sondern auch stets in Geldnot war und zudem Angst vor dem Tod hatte, beschloss daraufhin, sich einen solchen Vogel zu besorgen.

Voller Eifer erzählte Hannes dem Vorsteher des Klosters, dass er einen Kuckuck beschaffen wolle, damit sein geliebtes Kloster niemals Not leiden müsste. Auch hoffte der Mönch, dass er durch den Ruf des Vogels noch lange leben würde. Der Prior war damit einverstanden, beurlaubte Hannes und gab ihm genügend Geld, damit er sich auf die Suche nach einem Kuckuck machen konnte. Sogleich am folgenden Tag verließ Hannes das Kloster.

Unterwegs hörte der Mönch von dem langen Alfred, der schlau wie ein Fuchs sein sollte und für alles eine Lösung hätte. Auch erfuhr er, dass Alfred in dem Ort Dreisbach lebte, wo Hannes ihn aufsuchte. Mit leuchtenden Augen erzählte der Mönch Alfred, dass er einen Kuckuck bräuchte.

Als der schlaue und lange Alfred das hörte, lachte er laut und erklärte, dass Hannes großes Glück hätte. Gerade erst gestern war in dem Nest eines Rotschwänzchens ein Kuckuck geschlüpft, den Alfred mit nach Hause genommen hätte. Er versicherte Hannes, dass dies wohl der schönste Kuckuck weit und breit sei und zeigte ihm sogleich den prächtigen, gelbflockigen kleinen Vogel, der munter piepte.

Hannes war außer sich vor Freude. Er bezahlte Alfred die gewünschte Summe an Münzen und ging voller Stolz mit dem Vogel im Tragekorb zurück ins Kloster.

Mittlerweile hatten die Mettlacher Bürger von Hannes' Vorhaben gehört. Da auch sie sich ein langes und reiches Leben erträumten, sollte der kleine Kuckuck in der Dorflinde auf dem Dorfplatz ein neues Zuhause finden. Zum Glück war im Stamm des Lindenbaumes ein großes Loch, worin man das Nest des Vogels legte.

Damit der Kuckuck nicht wegfliegen konnte, wurde vor dem Hohlraum ein dünnes Holzgitterchen befestigt. Nun sollte das Vögelchen in Ruhe wachsen, damit es schon bald laut und oft »Kuckuck« rufen konnte.

Drei Monate später versammelten sich die Mettlacher, ebenso wie die Mönche des Klosters vor der Dorflinde, denn jeder wollte den kräftigen Kuckuck sehen und vor allem hören. Doch kaum hatte Hannes das Gitter vor dem Nest entfernt, flog der Vogel so schnell heraus, dass kaum jemand ihn erkennen konnte. Erstaunt blickten die Menschen zu der dichtbelaubten Krone der Linde, als es plötzlich hoch oben aus dem Baum schallte: »Kikeriki! Kikeriki!«

Voller Entsetzen stellten die Leute fest, dass das Vöglein zu einem stolzen Hahn herangewachsen war.

Hannes jedoch stand mit hochrotem Gesicht mitten unter ihnen und musste die Schimpfe und das Gelächter seiner Klosterbrüder und der Mettlacher Bürger ertragen.

Nie wieder machte er sich danach auf den Weg, um einen Kuckuck zu finden.

Die Legende vom Maldix

— Litermont —

Zahlreiche Gratulanten hatten sich eingefunden, um meiner Großmutter zum siebzigsten Geburtstag zu gratulieren. Als ich sie beobachtete, wie sie strahlend die Glückwünsche entgegennahm, schweiften meine Erinnerungen zurück in die Zeit, als ich noch ein kleiner Junge war.

Jeden Sonntag besuchten wir vier Enkelkinder unsere Oma, um ihren selbstgebackenen Kuchen zu essen und den Nachmittag mit ihr zu verbringen. Der Höhepunkt an diesen Sonntagen war, wenn unsere Großmutter sich in den Sessel setzte, und wir zu ihren Füßen Platz nahmen. Mit leuchtenden Augen schauten wir zu ihr auf und warteten, dass sie uns alte Geschichten erzählte. Meine Lieblingssage war die vom Jäger Maldix, die sie mehrmals abänderte. Mir gefiel diese Erzählung am besten:

»Ich verlange, dass du mich heute in die Kirche begleitest«, sagte Margarete vom Litermont zu ihrem Sohn, doch Maldix schüttelte den Kopf. »Meine Freunde erwarten mich.«

»Heute ist Karfreitag«, ermahnte sie ihn mit strenger Miene.

Maldix zuckte gleichgültig mit den Schultern. »Ich gehe zur Jagd«, erklärte er ungerührt und verließ die Stube.

Seine Mutter wusste, dass sie ihn nicht davon abhalten konnte, denn ihr Sohn machte grundsätzlich, was er wollte. Mit enttäuschtem Blick sah sie ihm hinterher »Eines Tages wird es mit dir ein schlimmes Ende finden«, murmelte Margarete und ihre Augen füllten sich mit Tränen.

Maldix ignorierte den Wunsch seiner Mutter und ihre Ermahnung ließ ihn kalt. Seit dem plötzlichen Tod seines Vaters vor wenigen Jahren wusste er, wie schnell das Leben vorbei sein konnte und er wollte jeden Augenblick *seines* Lebens genießen. Für ihn zählte einzig und allein das Vergnügen. Pflichten kümmerten ihn nicht. Munter schulterte er seine Armbrust und nahm seinen Speer auf. »Heute werde ich nicht eher ruhen, bis ich einen kapitalen Hirsch erlegt habe«, flüsterte er zu sich selbst und ging zum Stall hinüber. Dort sattelte er sein mächtiges rotbraunes Ross, schwang sich auf seinen Rücken und trat ihm in die Flanken. Sogleich galoppierte das Pferd mit kräftigen Hufschlägen davon.

Am Waldesrand traf er auf seine Spießgesellen, die ihn johlend empfingen. »Wir hatten schon Angst, du würdest nicht kommen«, höhnte einer seiner Kameraden, und die übrigen grinsten wissend. Maldix sagte kein Wort, sondern strafte sie mit seinem verächtlichen Blick und ritt los. Die Freunde zogen die Köpfe ein, saßen auf und folgten ihm in den nahen Wald.

Maldix und seine Gesellen verschwanden zwischen den dichten Bäumen und drangen tief ins Unterholz vor. Sie wollten einen bestimmten Platz aufsuchen, denn erst vor wenigen Tagen hatten sie einen stattlichen Hirsch verfolgt, der ihnen jedoch entkommen war. Sie ritten zu der Stelle, wo sie den Achtender aus den Augen verloren hatten, als es im Gehölz knackte. Die Männer ließen ihre Blicke umherschweifen, als sie von Bäumen gut verdeckt einen prächtigen schwarzen Hirsch entdeckten. Aufgeregt blickten sich die Jäger an, doch Maldix gab ihnen Zeichen, dass er allein dieses außergewöhnliche Tier töten wollte. Von seinen Kameraden verlangte er, dass sie ihm die Jagdbeute zutreiben sollten. Enttäuschung machte sich auf deren Gesichtern breit, denn jeder hatte gehofft, den Hirsch erlegen zu können. Da Maldix unter ihnen jedoch das Sagen hatte, behielten sie ihre Widerworte für sich und nickten zähneknirschend.

Langsam ließen sie ihre Pferde auf den Hirsch zuschreiten, sodass er in Maldix Richtung fliehen musste. Als das Tier die Witterung der Menschen aufnahm, spannte es seine Muskeln an und preschte an Maldix vorbei, der hastig seinen Speer nach ihm warf. Als er erkannte, dass er den Hirsch verfehlt hatte, wendete er wütend sein Pferd und galoppierte dem fliehenden Tier hinterher, das mit weiten Sprüngen davonhetzte.

Maldix trat seinem Ross unablässig in die Flanken, damit es schneller und schneller wurde und dem Hirsch folgen konnte. Die Bäume schienen an dem jungen Jäger vorbeizufliegen, und schon bald lag der Wald hinter ihm.

Der schwarze Hirsch lief über Wiesen und Äcker, als er plötzlich zur Seite schwenkte und von einem steilen Fels in die Tiefe sprang. Maldix war wie von Sinnen, er wollte den Hirsch unbedingt töten und bemerkte den Abhang erst, als er nicht mehr anhalten konnte. Schreiend stürzten Ross und Reiter in die Tiefe.

Die Spießgesellen, die Maldix gefolgt waren, fanden den zerschmetterten Körper des Kameraden neben dem seines toten Pferds in einer Blutlache unterhalb des Felsvorsprungs liegen. Nur von dem schwarzen Hirsch fehlte jede Spur.

Als die Jagdfreunde Margarete vom Litermont von dem Tod ihres Sohnes berichteten, soll es ihr Mutterherz zerrissen haben, und sie kurz darauf gestorben sein. Der Legende nach wurden Mutter und Sohn nebeneinander in der Kirche zu Nalbach beerdigt. Den schwarzen Hirsch jedoch hat nie wieder jemand zu Gesicht bekommen.

Nachwort

Liebe Leserinnen und Leser!

Jahrhunderte lang wurden saarländische Sagen und Legenden von Generation zu Generation weitererzählt und so vor dem Vergessen bewahrt. Doch in unserer schnelllebigen Zeit, die größtenteils von Fernsehen und Computer beherrscht wird, geraten diese Erzählungen immer mehr in den Hintergrund. Manches Kind weiß nicht einmal, dass das Saarland spannende Geschichten zu bieten hat, da kaum noch jemand von ihnen berichtet.

Karl Lohmeyer (1878 – 1957) hat viele dieser Sagen und Legenden in seinen Büchern gesammelt. Leider sind die meisten davon in ihrer Erzählweise weder interessant noch sprechen sie unsere Jugend an. Als ich mir Gedanken über eine Neugestaltung einiger saarländischen Sagen machte, war es mir jedoch wichtig, jede Altersgruppe anzusprechen. Deshalb habe ich dreizehn unterschiedliche Erzählungen ausgewählt, ihnen jeweils einen neuen Anfang gegeben und darauf geachtet, dass der ursprüngliche Inhalt nicht verändert wurde. Durch die

Modernisierung der Texte entstanden kleine Geschichten, die zum Teil spannend und gruselig sind oder auch zum Schmunzeln einladen.

Ich hoffe, dass durch die Umgestaltung diese Sagen und Legenden wieder weitererzählt werden und unser saarländisches Kulturgut so vor dem Vergessen bewahrt wird.

Herzlichst
Deana Zinßmeister

www.conte-verlag.de